Don Quijote de la Mancha

EDITORIAL STANLEY

Don Quijote de la Mancha

Editado por:
Editorial Stanley

Diseño y Maquetación
Angela Gómez Martín

Ilustrado por:
Daniel Redondo

Diseño portada:
Diseño Irunés

Imprime:
Imprenta Berekintza

I.S.B.N.: 84-7873-305-1
Dep. Leg.: BI-809/02

Primera edición 2.002

Apdo. 207 - 20302 IRUN - SPAIN
Tel. (943) 64 04 12 - Fax. (943) 64 38 63

Don Quijote de la Mancha

Capítulo 1

En cierto lugar de la Mancha vivía, hace mucho tiempo, un caballero. Tenía unos 50 años y era muy delgado y alto.

Un día, vino a sus manos un libro de caballería y lo leyó. Le gustó tanto que empezó a leer todos los libros de ese tema que podía conseguir. Se pasaba las noches leyendo. Tanto leía y tan poco dormía, que se volvió loco.

Decidió hacerse caballero andante e ir por el mundo con sus armas y su caballo a buscar aventuras. Encontró en el ático una espada, una armadura y un escudo de sus antepasados. Los limpió bien hasta que todo estuvo brillante. Había en el establo un viejo caballo que era todo huesos. Después de mucho pensar durante cuatro días, por fin, le dio el nombre de Rocinante. Durante los siguientes ocho días estuvo pensando en un nombre para él. Por fin, decidió llamarse don Quijote de la Mancha.

Limpias sus armas, puesto el nombre a su caballo y a él mismo, ahora necesitaba una dama a la que amar. Después de dar al asunto muchas vueltas en la cabeza, dio a su amada el nombre de Dulcinea del Toboso.

Una mañana, sin decir nada a nadie, montó sobre Rocinante y se fue en busca de aventuras. Andando por el campo se le ocurrió que tenía que

armarse caballero. Buscó por todas partes algún castillo. No encontró ninguno, pero sí una posada cuando anochecía. A él, la posada le pareció un castillo, y las criadas que servían la mesa, dos hermosas doncellas. Un cuidador de cerdos tocó el cuerno en ese momento, y don Quijote creyó que anunciaba su llegada.

Al notar que llegaba un viajero, salió el posadero, y se quedó asombrado de ver a alguien llevando tal armadura. Viendo que el extraño personaje tenía dificultades para bajarse del caballo, le ayudó a descender.

—Si tenéis hambre os haré preparar algo para cenar —dijo el posadero.

—Os agradezco vuestra hospitalidad —dijo don Quijote muy serio—. Algo de comer me vendrá muy bien, pues no he probado bocado en todo el día. Pero antes atiende a mi caballo, que no hay cabalgadura mejor en todo el país que mi Rocinante.

El posadero atendió al caballo, que no le pareció tan bueno como decía el caballero. Más bien parecía un pobre animal que mostraba todos los huesos del cuerpo.

Después, ordenó a las criadas que le sirvieran un plato de sopa y bacalao cocido con pan. El caballero andante encontró muy difícil comer, pues no conseguía quitarse ni la armadura ni el casco. Las dos sirvientas, entre grandes risas, le ayudaron a introducir en la boca, tanto los alimentos como el vino. Éste, se lo dieron con ayuda de una caña, un extremo de la cual le pusieron en la boca y por el otro echaban el vino.

Después de cenar, don Quijote, que creía que el posadero era el dueño del castillo, puso una rodilla en tierra delante de él y le pidió que le armara caballero.

El posadero estaba confuso al ver a su huésped a sus pies y no sabía qué hacer ni qué decir. Por fin, viendo que el hombre estaba loco, accedió a lo que le pedía. Le dijo que tenía que velar las armas toda la noche y que por la mañana temprano le armaría caballero.

Don Quijote salió fuera y colocó sus armas sobre la boca de un pozo. A continuación, comenzó a pasear delante de ellas mientras caía la noche. Alrededor de medianoche un campesino se acercó al pozo para beber. Apartó las armas que le estorbaban para coger el cubo de agua.

Don Quijote se dirigió hacia él, enojado.

—No toques las armas del más valeroso caballero andante que jamás viste, si no quieres dejar tu vida aquí mismo —dijo.

El hombre miró asombrado al extraño personaje que le hablaba así. Por fin, dejó caer al suelo el escudo que todavía tenía en la mano.

Don Quijote, furioso, levantó los ojos al cielo y puso el pensamiento en su Dulcinea. Cogió la lanza con las dos manos y dio con ella un golpe en la cabeza del campesino.

Después, recogió todas las armas del suelo, las puso donde estaban antes, y siguió paseando delante del pozo. Al poco tiempo, llegó otro campesino con unos mulos. También él apartó las armas que le estorbaban, igual que había hecho el otro hombre.

Sin decir palabra, don Quijote levantó la lanza con las dos manos y la dejó caer sobre su cabeza.

Acudió la gente de la posada a los gritos y cuando vieron lo que había pasado empezaron a tirar piedras a don Quijote.

El posadero consiguió poner paz y como no quería males mayores, decidió nombrarlo caballero en aquel mismo momento. Sólo así el extraño personaje se iría enseguida de la posada. Trajo el libro donde anotaba las cuentas y mientras su hijo sostenía una vela, leyó algo acerca de unas compras de jamones. A continuación, le dio un golpe con la espada en el hombro. Después, una de las criadas le puso la espada en la cintura, y otra criada le colocó la espuela.

Don Quijote, así armado caballero en tan pocos minutos, vio sus sueños convertidos en realidad. Contento, se montó en Rocinante y se alejó de la posada en busca de aventuras, sin pagar el alojamiento.

capítulo 2
El criado del Labrador

No había avanzado mucho el nuevo caballero cuando le pareció que oía unos quejidos en el bosque. Un labrador estaba azotando con una correa a un chico de unos quince años, atado a un árbol.

—Suelta al instante a ese muchacho, villano —exclamó don Quijote.

El labriego, sorprendido y atemorizado por aquella figura así armada, trató de explicarse.

—Es mi criado, que cuida de un rebaño de ovejas. Todos los días desaparece una —dijo.

Don Quijote se dirigió al joven:

—¿Cómo te llamas, muchacho?

—Andrés, señor.

—¿Es verdad lo que dice tu amo?

El muchacho, viendo una oportunidad enviada por el cielo, gritó.

—No, señor, no lo es. Además, me debe nueve meses de paga, a siete reales cada mes.

Stanley

Hizo las cuentas don Quijote, y halló que sumaban sesenta y tres reales.

—Paga al chico inmediatamente, villano; si no lo haces te atravesaré —gritó apuntando con su lanza al labrador.

Asustado, el labrador juró, por la orden de caballería, que le pagaría los sesenta y tres reales.

—Eso está muy bien —dijo don Quijote— cuida de cumplir lo jurado, si no, volveré para castigarte, y te hallaré aunque te escondas bajo tierra. Y si quieres saber quién te manda, soy el valeroso don Quijote de la Mancha.

Satisfecho, el nuevo caballero levantó la lanza y se alejó montado en Rocinante con paso majestuoso.

Cuando el labriego vio que don Quijote estaba lejos, cogió a su criado del brazo, y volvió a atarlo al árbol.

—Así que quieres sesenta y tres reales, ¡eh! ¡Pues yo te daré sesenta y tres, pero no reales sino golpes con mi correa, ¡ladronzuelo!

Y le golpeó hasta que se le cansó el brazo. Cuando lo soltó, Andrés partió, jurando que buscaría a don Quijote y le contaría lo que había pasado. Partió llorando mientras su amo se quedó riendo.

capítulo 3
Los Mercaderes

Don Quijote llegó hasta un grupo de mercaderes que iban a comprar seda. Eran seis, y con ellos iban media docena de criados y varias mulas. El armado caballero pensó que tendría una nueva aventura. Apretó la lanza y esperó a los mercaderes.

Cuando llegaron a su altura, don Quijote les cortó el paso.

—¡Que todo el mundo confiese que no hay doncella más hermosa que Dulcinea del Toboso! —dijo con voz potente.

Los mercaderes se detuvieron con la boca abierta por el asombro.

—No conocemos quién es esa buena señora —dijo uno de ellos con burla—, pero mostradnos su retrato y aunque sea fea diremos que es la más hermosa de Castilla.

—¡Canalla! ¡Infame! —gritó don Quijote—. Pagaréis por lo que acabáis de decir.

Bajó la lanza y arremetió contra el burlón. Pero a mitad del camino, Rocinante tropezó y cayó. Su jinete rodó por tierra y no pudo levantarse.

—No huyáis, cobardes —gritaba desde el suelo.

Uno de los mozos que llevaban las mulas rompió la lanza de don Quijote contra un árbol y le golpeó con ella en las costillas. El caballero caído, sin embargo, no dejaba de gritar amenazándolos.

Cuando el mozo se cansó de golpearlo, se retiró y los mercaderes siguieron su camino.

Algún tiempo después, un labrador amigo suyo pasó por allí y le ayudó a levantarse. Recogió las armas, ató a don Quijote a Rocinante, y se encaminó hacia el pueblo.

El cura y el barbero del lugar, amigos de don Quijote, acudieron a ayudarle. Le llevaron a la cama y buscando heridas no hallaron ninguna.

Don Quijote les explicó que había caído con Rocinante mientras combatía a diez bandidos, los más peligrosos del mundo.

capítulo 4
Los Molinos de viento

Don Quijote estuvo quince días en casa tranquilo. Después de ese tiempo habló con un vecino suyo, un poco tonto.

—Sancho Panza —le dijo—, necesito un escudero. Si estás dispuesto a servirme yo te prometo que en alguna de mis muchas aventuras conseguiremos grandes beneficios. Si me sirves fielmente te daré una isla para gobernar.

Esa noche el labrador se vio en sueños gobernando una isla. Al día siguiente, fue a ver a don Quijote y le dijo que aceptaba servirle como escudero.

El caballero andante miró seriamente a su nuevo vasallo.

—No digas nada a nadie —le dijo—, pues la gente envidiosa tratará de impedir que salgamos en busca de aventuras y de riquezas. Prepárate para partir dentro de unos días. Yo te avisaré.

Don Quijote vendió todas sus posesiones y ambos salieron del pueblo una noche sin ser vistos. Don Quijote montaba a Rocinante y Sancho Panza iba sobre un asno.

Caminaron toda la noche. A la mañana siguiente, vieron treinta o cuarenta molinos de viento que había en un campo. Don Quijote se los señaló a su compañero.

—Aventura tenemos, Sancho. ¿Ves aquellos gigantes? Voy a darles batalla y quitarles a todos la vida.

—¿Qué gigantes? —preguntó Sancho.

—Aquéllos que ves allí —dijo don Quijote—, algunos tienen los brazos muy largos.

—Aquéllos no son gigantes, sino molinos de viento —observó Sancho—, y lo que parecen brazos son las aspas que hacen andar la piedra del molino.

—Se ve que no entiendes de aventuras, Sancho. Ellos son gigantes, y si tienes miedo, ponte en oración porque voy a entrar en combate con ellos.

Diciendo esto, lanzó a Rocinante contra los molinos, gritando.

—¡No huyáis, cobardes. Es sólo un caballero el que os ataca!

En ese momento empezó a soplar el viento y las aspas comenzaron a girar. Don Quijote gritaba mientras atacaba con su lanza.

—Aunque mováis más brazos que el gigante Briareo, me las pagaréis.

Embistió al primer molino y dio un golpe de lanza en el aspa. Pero el viento la hizo girar violentamente y rompió la lanza de don Quijote en varios trozos. Caballo y caballero rodaron por tierra. Sancho acudió a socorrer a su amo, quien no podía moverse a causa del golpe.

—¡Dios mío! —exclamó Sancho Panza—. Ya os dije que eran molinos de viento.

—Calla, amigo Sancho —replicó don Quijote—. El mago Frestón ha convertido estos gigantes en molinos para quitarme la gloria de vencerlos en ba-

talla. Pero toda su magia no podrá nada contra mi espada. Volveré a enfrentarme con ellos otro día.

Y ayudado por Sancho, volvió a montar en Rocinante. Ambos se alejaron de los molinos y se adentraron en un bosque.

Aquella noche la pasaron entre los árboles. De uno de ellos don Quijote cogió una rama y puso en ella la punta de hierro que quitó de la lanza que se había roto.

El noble caballero no durmió en toda la noche, pensando en su Dulcinea y en sus futuras batallas contra los gigantes.

capítulo 5
Los Frailes del Vizcaíno

Venían por el camino dos frailes de la Orden de San Benito, montados en mulas. Dos criados del convento les acompañaban. Detrás de ellos venía un coche en el cual viajaba una señora de la provincia de Vizcaya, que iba a Sevilla donde estaba su marido.

Cuando don Quijote vio al grupo dijo a su escudero:

—Ésta ha de ser una gran aventura, porque esos dos deben de llevar raptada a alguna princesa en aquel carruaje.

—Mire, señor —dijo Sancho—, que aquellos son frailes de San Benito, y el carruaje debe de ser de alguna gente viajera.

Pero don Quijote no escuchaba a su escudero. Se colocó en mitad del camino y se dirigió a los frailes.

—Gente malvada. Dejad en libertad a la princesa que en ese carruaje lleváis raptada. Si no, preparaos para recibir vuestro castigo.

Los monjes se detuvieron asombrados por la figura y las palabras de don Quijote.

—Señor —dijo, por fin, uno de ellos reponiéndose de su asombro—, somos frailes de San Benito y no sabemos quién viene en ese carruaje.

—¡No mientas, canalla! —gritó don Quijote arremetiendo contra él.

Cuando el primer fraile vio venir hacia él a don Quijote con la lanza bajada se cayó al suelo del susto. Esto le salvó. Su compañero se escapó por el campo, ligero como el viento.

Sancho Panza, viendo en el suelo al fraile empezó a quitarle el hábito. Llegaron, entonces los dos criados del convento y le preguntaron por qué le quitaba el hábito al monje.

Sancho les contestó que era trofeo de guerra ganado por su señor.

Los criados, que no entendían de trofeos de guerra, le atacaron golpeándole en el suelo hasta dejarle casi sin sentido.

Entretanto, los frailes habían montado en sus mulas y se alejaban como huyendo del diablo.

Don Quijote estaba hablando con la señora del carruaje.

—Señora mía —dijo—, estáis en libertad. Sabed que me llamo don Quijote de la Mancha, caballero andante y cautivo de los ojos de Dulcinea del Toboso. Os ruego vayáis a Toboso y le digáis a mi dama lo que he hecho por vuestra libertad.

El escudero del carruaje, que también era de la provincia de Vizcaya, oyó lo que decía don Quijote y se dirigió a él, airado.

—Apártate a un lado y déjanos seguir nuestro camino.

—¿Quién eres tú para hablarme así? —dijo don Quijote sacando la espada—. Defiéndete, villano.

El vizcaíno sacó también su espada y cogió una almohada del carruaje que le sirvió de escudo.

La señora, atemorizada, contemplaba a cierta distancia la feroz lucha.

El vizcaíno le dio un golpe que don Quijote paró en parte con el escudo y en parte con su hombro.

—¡Oh, Dulcinea de mi alma! —exclamó—, ¡socorred a este caballero vuestro!

Diciendo esto, arremetió contra el vizcaíno con furia. Éste le aguardaba con la espada en alto.

El primero en dar el golpe fue el vizcaíno. Don Quijote tuvo suerte, su casco paró la fuerza del golpe. Sin embargo, la espada de su contrincante se llevó media oreja y cayó sobre su hombro derribándolo al suelo.

Don Quijote se levantó y cogiendo su espada con las dos manos descargó un furioso golpe sobre el vizcaíno dándole de lleno en la almohada y sobre la cabeza haciéndole caer a tierra.

El caballero andante puso la punta de su espada en la garganta de su adversario.

—Ríndete —dijo—, o te corto la cabeza.

La señora del carruaje intervino.

—No le matéis, señor, por favor —suplicó.

—Con una condición —respondió don Quijote con mucha gravedad—, y es que este caballero prometa ir a Toboso a presentarse a mi Dulcinea.

La señora, temerosa, sin preguntar quién era Dulcinea, le prometió que su escudero haría lo que pedía.

Sancho Panza, viendo que su amo iba a montar a caballo, vino a tenerle el estribo, puso rodilla en tierra y le besó la mano.

—Me haréis gobernador de la isla que se ha ganado en esta batalla —dijo.

—Sancho —dijo seriamente don Quijote—, te haré gobernador de mucho más que de una isla. Pero ten paciencia, que no se ha ganado ninguna isla en esta batalla.

Sancho se lo agradeció y, besándole otra vez la mano, le ayudó a subir sobre Rocinante. Él montó en su asno y siguió a su amo que, paso a paso, sin despedirse ni hablar más con la señora del carruaje, se adentró en un bosque.

capítulo 6
El Entierro

Cabalgaban por noche oscura caballero y escudero. Los dos estaban hambrientos. Vieron venir hacia ellos muchas luces que parecían estrellas que se movían.

Se asustó Sancho al verlas. Se quedaron quietos, viendo cómo las luces se acercaban aún más. Pronto, el escudero empezó a temblar.

Don Quijote le animó.

—Ésta será, sin duda, Sancho, una muy peligrosa aventura donde tendré que demostrar todo mi valor y esfuerzo.

—¡Pobre de mí! —contestó Sancho—¿Y si son fantasmas?

—Aunque sean fantasmas —exclamó don Quijote—, no dejaré que te toquen ni un pelo.

Poco después, vieron que venían 20 encapuchados, todos tenían antorchas encendidas en la mano. Detrás, venía una litera cubierta de negro. Y detrás de la litera, otros seis personajes, todos de negro hasta las patas de sus caballos.

Se imaginó don Quijote que en la litera iba un caballero muerto o herido. Pensando que tenía que vengarlo, salió al paso de los encapuchados.

—¡Deteneos, caballeros —gritó—, decidme quiénes sois y adónde vais!

—No podemos detenernos, tenemos prisa —dijo uno de los encapuchados pasando por delante de don Quijote.

Don Quijote agarró las riendas de la mula, la cual, asustada, se levantó sobre sus patas traseras,

cayendo su dueño al suelo y el animal sobre él. Un mozo que iba a pie empezó a insultar a don Quijote, quien, sin esperar más, atacó a uno de los que iban vestidos de negro. El hombre, herido, cayó a tierra. Los demás echaron a correr con las antorchas encendidas pues ninguno llevaba armas.

Don Quijote se acercó al que había sido derribado por la mula y le puso la lanza en el rostro.

—¡Ríndete! —exclamó.

—Rendido estoy, pues no puedo moverme —dijo el hombre.

—¿Quién eres y de dónde vienes? —preguntó el Caballero.

—Soy estudiante y vengo de Baeza con once sacerdotes, que son los que huyeron con las antorchas. Vamos a Segovia acompañando un cadáver que va en aquella litera para enterrarlo allí.

—¿Quién lo mató? —preguntó don Quijote.

—Las fiebres —contestó el hombre.

—Así pues —dijo don Quijote—, Dios me ha quitado el trabajo de vengar su muerte.

—Os suplico —dijo el estudiante—, que me ayudéis a salir de debajo de esta mula.

Llamó don Quijote a Sancho, pero éste estaba ocupado cogiendo las provisiones que aquella gente había abandonado al huir.

Por fin, cuando terminó de colocar todas las alforjas en su asno, acudió a la llamada de don Quijote y ayudó a su amo a librar al herido del peso del animal.

—Si acaso quieren saber quién los ha puesto en fuga —dijo Sancho—, diles que ha sido el famoso don Quijote de la Mancha, también llamado el Caballero de la Triste Figura.

Cuando se alejaron, don Quijote le preguntó a Sancho por qué le había llamado el Caballero de la Triste Figura.

—Se lo diré —respondió Sancho—. Le estuve mirando a la luz de la antorcha mientras peleaba y tiene usted una figura bastante mala por la falta de muelas y dientes o por el cansancio.

Se rió don Quijote y dijo que pondría ese nombre en su escudo.

capítulo 7
El Yelmo de Mambrino

Una mañana temprano, descubrió don Quijote un hombre a caballo que traía en su cabeza una cosa que brillaba.

—Sancho —dijo a su escudero—, viene hacia nosotros uno que trae puesto en su cabeza el yelmo de Mambrino.

—Me parece que vuestra merced está equivocado —replicó Sancho.

—¿Cómo me puedo equivocar? —dijo airado don Quijote—. ¿No trae aquel caballero un yelmo de oro en la cabeza?

—Yo sólo veo un hombre sobre un asno que trae en la cabeza una cosa que brilla.

—Ése es —dijo don Quijote—, el yelmo de Mambrino que tanto he deseado.

En realidad el hombre era un barbero, que, como había empezado a llover se había puesto sobre la cabeza una palangana de latón, que brillaba de lejos.

Cuando el barbero estuvo cerca, sin decir palabra y con Rocinante a todo correr, don Quijote se lanzó contra él con la lanza baja.

—¡Defiéndete, villano y dame lo que en justicia es mío! —gritó.

El barbero, asustado, se bajó del asno y echó a correr por el campo más veloz que el viento. En la carrera, la palangana se cayó al suelo.

Sancho la recogió por orden de su amo y se la dio. Don Quijote se la puso en la cabeza y la hizo girar varias veces, pero no le quedaba bien.

—Sin duda —dijo—, el hombre debe de tener una grandísima cabeza.

Sancho no pudo contener la risa.

—¿Por qué te ríes? —le preguntó don Quijote.

—Me río —dijo el escudero—, de pensar en la cabeza tan grande que tenía el propietario de este yelmo, que ciertamente parece una palangana de barbero.

—Yo haré arreglar el yelmo en el primer lugar donde encontremos un herrero —dijo don Quijote—. Ahora lo llevaré como está, pues más vale algo que nada.

—¿Qué hacemos con el asno que dejó abandonado el que huyó?

—No acostumbro a quitar los caballos a los vencidos. Sin duda, su dueño nos verá alejarnos y volverá a por él.

—Ya que las leyes de caballería no permiten quedarse con los caballos de los vencidos —dijo Sancho—, ¿podría cambiar las alforjas y la manta, al menos?

—No estoy muy seguro de eso —dijo don Quijote—, pero hasta estar bien informado, cámbialos si tienes mucha necesidad.

—Mucha necesidad tengo —dijo el escudero cogiendo del burro del barbero una buena manta y unas alforjas bien repletas.

Comieron de lo que había en las alforjas así conseguidas y bebieron agua de un arroyo. Luego montaron y sin tomar un determinado camino, se pusieron a caminar por donde la voluntad de Rocinante quiso.

capítulo 8
Don Quijote libera a los Presos

Don Quijote levantó los ojos y vio que por el camino se acercaban doce hombres a pie, con cadenas.

Tras ellos venían dos hombres a caballo y dos a pie, todos armados.

Sancho Panza los señaló.

—Ahí vienen —dijo—, unos presos condenados a galeras.

—Por lo que veo —exclamó don Quijote—, esa gente va por la fuerza, y no por su voluntad.

—Así es —dijo Sancho.

A esto, llegaron los presos, y don Quijote, cortésmente, preguntó a los guardias que iban a caballo por qué llevaban a aquella gente encadenada.

Uno de ellos respondió que eran presos y que iban a las galeras.

—Quiero saber —replicó don Quijote—, la causa de la desgracia de cada uno de ellos.

—No podemos detenernos —dijo uno de los guardias.— Pregúnteles usted mismo.

Don Quijote se acercó a los presos y preguntó a uno, por qué iba así encadenado.

—Por estar enamorado —dijo él.

—Si por estar enamorado te echan a las galeras, hace tiempo tenía yo que estar remando —exclamó don Quijote.

—No con esos amores —dijo el preso—. Los míos fueron que quise tanto a una cesta llena de ropa que tuvieron que quitármela por la fuerza.

Lo mismo preguntó don Quijote al segundo, el cual no respondió palabra porque iba muy triste, pero, por él contestó el primer preso.

—Ése —dijo—, va preso por músico y cantor.

—¿Cómo? —exclamó el caballero andante—. ¿Por músico y cantor se va también a las galeras?

—Sí, señor —dijo el galeote—. Aquí el que canta una vez, llora toda su vida.

—No lo entiendo —dijo don Quijote.

Entonces uno de los guardias le explicó.

—Se llama "cantar" a confesar bajo tortura. Éste confesó su delito: ser ladrón de bestias, y le condenaron a seis años de galeras y doscientos latigazos.

Pasando don Quijote al tercero, le preguntó lo que a los otros.

—Yo voy por cinco años a las galeras por no tener diez ducados —dijo.

—Yo te daría veinte para librarte de esto —contestó don Quijote.

—De haber tenido veinte ducados habría comprado al juez y no estaría ahora así encadenado.

Detrás de todos estos venía otro hombre con dos cadenas. Don Quijote preguntó por qué iba aquel hombre tan cargado de cadenas. El guardia respondió que tenía él solo más delitos que todos los demás juntos.

—Es el famoso Ginés de Pasamonte —explicó.

Se volvió don Quijote hacia los presos.

—De todo cuanto me habéis dicho, queridos hermanos —dijo— , veo que aunque os han castigado por vuestras culpas, las penas que vais a padecer no os dan mucho gusto. Por eso quiero rogar a esos

señores guardias que os quiten las cadenas y os dejen ir en paz.

—¡Qué tonterías oigo! —dijo el comisario airado—. ¡Póngase bien esa palangana sobre la cabeza y váyase de aquí!

—¡Villano! —gritó don Quijote.

Y diciendo esto, arremetió contra él y lo arrojó al suelo herido de una lanzada. Los demás guardias echaron mano a sus espadas y atacaron a don Quijote.

Pero, los presos, viendo que tenían una oportunidad de escaparse, cogieron la llave del guardia caído y se soltaron las cadenas. Entonces atacaron a los otros guardias. Éstos, viendo que las cosas se ponían mal, se escaparon al campo.

Los galeotes le quitaron la ropa al comisario, que no se atrevía a protestar, y le dejaron desnudo. Después, todos se pusieron a las órdenes de don Quijote. Sin embargo, lo que el Caballero de la Triste Figura les dijo a continuación los dejó muy confundidos.

—En pago del beneficio que de mí habéis recibido —dijo éste—, quiero que os pongáis en camino hacia el Toboso, allí os presentaréis ante Dulcinea y le contaréis todo lo que ha sucedido.

—Eso es imposible —contestó Ginés de Pasamonte—. No podemos ir juntos a ningún sitio. Tenemos que separarnos para no ser hallados por la justicia.

—¡Pues no! —gritó don Quijote encolerizado—. ¡Iréis a Toboso!

Ginés de Pasamonte, viendo que don Quijote no estaba muy cuerdo, hizo una seña a los otros y comenzaron a tirarle piedras.

Una de las piedras dio con don Quijote en tierra, y todos se le echaron encima. Después de golpearlo, le quitaron la ropa. A continuación le tocó el turno a Sancho, a quien también desnudaron.

Quedaron los dos tendidos en el suelo sin aliento, junto al asno y al caballo Rocinante, mientras los galeotes, después de repartirse el botín, desaparecieron rápidamente de la vista en todas direcciones.

capítulo 9
Don Quijote y los Odres de vino

Don Quijote y Sancho Panza llegaron a una posada, donde encontraron cenando al cura y al barbero de su pueblo. Se saludaron todos con mucha alegría, y el caballero y su escudero se sentaron a cenar con ellos. Durante la cena don Quijote les relató las increíbles aventuras que habían tenido desde la última vez que se vieron. Les dijo que, aunque la fortuna todavía no les había sonreído, era cuestión de tiempo. El nombre del valiente caballero, don Quijote de la Mancha, pronto correría de boca en boca por todo el país.

Mientras escuchaban las aventuras de don Quijote, el cura y el barbero inter-cambiaban miradas de complicidad. En seguida, después de cenar, don Quijote y Sancho Panza, como estaban muy cansados, se retiraron a descansar.

Al poco rato, salió Sancho dando gritos de la habitación.

—Corran, señores. Ayuden a mi señor que está entablando una gran batalla.

—¿Qué dices, hijo mío? —preguntó el cura—¿Estás en tu juicio, Sancho?

En ese momento se oyó un gran ruido y a don Quijote que decía:

—¡No huyas, ladrón, canalla! ¡Te atravesaré con mi espada!

Y parecía que daba grandes cuchilladas a las paredes.

—Entren a parar la pelea o a ayudar a mi amo, porque yo vi correr la sangre por el suelo, y la cabeza de un gigante cortada, tan grande como un gran odre de vino.

—¡Por Dios! —gritó el posadero—. Don Quijote está dando cuchilladas a los odres de vino que tengo en la habitación.

Con esto, entró en el aposento seguido de todos, y hallaron a don Quijote en camisón. Sus piernas eran largas y flacas, llenas de vello y nada limpias. Tenía en la cabeza un gorrito de dormir grasiento. En la mano izquierda sostenía una almohada a modo de escudo y en la derecha su espada.

Don Quijote daba cuchilladas a todas partes como si estuviera peleando contra un gigante. Lo curioso era que tenía los ojos cerrados porque estaba durmiendo y soñando con la batalla contra el gigante. Todo el aposento estaba lleno de vino.

El posadero, furioso, se lanzó contra don Quijote, y empezó a golpearlo con los puños. Ni así despertaba el pobre caballero, hasta que el barbero trajo un gran cubo de agua fría y se lo echó encima.

Don Quijote abrió los ojos y creyendo que ya había acabado su lucha contra el gigante se puso de rodillas ante el cura creyendo que era una dama.

—¡Señora! —dijo—. Podéis desde hoy vivir más segura porque el gigante ya no existe.

Todos reían menos el posadero. Por fin, entre todos echaron a don Quijote sobre la cama, en donde pronto se quedó dormido. Después trataron de aplacar la ira del posadero, que estaba desesperado por la "muerte" de sus odres.

Como el cura y el barbero querían llevar a casa a don Quijote, fabricaron durante la noche una jaula con palos. Cogieron a don Quijote mientras dormía, lo ataron de pies y manos, lo metieron en la jaula, y lo pusieron sobre una carreta de bueyes.

Todos partieron; don Quijote en la jaula y el cura y el barbero a caballo, disfrazados con antifaces para no ser reconocidos por don Quijote.

Seis días más tarde llegaron al pueblo de don Quijote. Era domingo y entraron en la aldea a mediodía. Como toda la gente estaba en la plaza, quedaron todos asombrados al ver a su vecino en una jaula.

Un chico corrió a dar la noticia al ama y a la sobrina de don Quijote. Les dijo que el caballero venía amarillo y flaco, tendido sobre un montón de heno y encerrado en una jaula.

Las dos mujeres acudieron corriendo a la plaza y sacaron al pobre caballero de su encierro.

También acudió Teresa, la mujer de Sancho Panza.

—¿Qué me traes de valor? —le preguntó —¿Y qué les traes a tus hijos?, ¿les traes zapatos o ropa?

—Mucho más que eso te traeré, esposa mía —contestó él—. Has de saber que no hay nada mejor que ser escudero de un caballero andante. Pues, aunque de cien, noventa y nueve aventuras salen mal, es hermoso atravesar montes, visitar castillos y alojarte en posadas sin pagar la cuenta. Además,

mi señor me ha prometido nombrarme gobernador de una isla.

Mientras el escudero y su esposa hablaban así, el ama y la sobrina de don Quijote acostaban al caballero andante en su antigua cama. Él las miraba sin darse cuenta de dónde estaba.

El cura recomendó a la sobrina que cuidase bien a su tío, y que estuviese alerta para no dejarle escapar.

Fin

Glosario - capítulo 1

Loco: persona que no está en su sano juicio.

Ático: último piso de una casa, más bajo de techo, que suele emplearse como trastero.

Establo: lugar cubierto donde se encierra al ganado para que descanse y se alimente.

Posada: lugar en el campo para hospedaje de viajantes, campesinos, etc..

Doncellas: criadas que sirven cerca de la señora, fuera de las tareas de la cocina.

Cuernos: astas, los toros atacan con ellos.

Cabalgadura: animal de montar; caballo, mulo....

Casco: la parte de la armadura que se pone en la cabeza.

Confuso: no sabía que hacer.

Velar: estar despierto el tiempo en que normalmente se duerme.

Escudo: sirve para protegerse de las flechas, etc.

Espuela: los jinetes la usan para clavarla en el costado del caballo y hacerle correr más.

Armadura: Conjunto de piezas metálicas que servían para proteger el cuerpo en combates de caballería.

Preguntas

1. ¿Dónde vivía don Quijote?
2. ¿Qué edad tenía?
3. ¿Qué es lo que le decidió a hacerse caballero andante?
4. ¿Cómo llamó a su caballo?
5. ¿Cómo llamó a su amada?
6. ¿Qué le pareció que era la posada?
7. ¿Quién tocó el cuerno?
8. ¿Cómo iba vestido don Quijote?

9. ¿Qué comió don Quijote?
10. ¿Cómo bebió el vino?
11. ¿Qué le pidió don Quijote al posadero?
12. ¿Qué hizo durante toda la noche?
13. ¿Dónde colocó las armas?
14. ¿Qué hizo el campesino a fin de poder coger agua del pozo?
15. ¿Con qué le golpeó don Quijote?
16. ¿Qué libro usó el posadero para nombrar caballero a don Quijote?
17. ¿Qué hicieron las dos criadas?
18. ¿Cuánto pagó don Quijote por el alojamiento?

Glosario - capítulo 2

Azotando: golpeando.
Reales: moneda de la época.
Hizo cuentas: sumó.
Correa: cinturón.
Ladronzuelo: persona que hurta cosas de poco valor.

Preguntas

1. ¿Qué oyó don Quijote en el bosque?
2. ¿Qué estaba haciendo el labrador?
3. ¿Qué es lo que desaparecía todos los días?
4. ¿Cuánto le debía el labriego?
5. ¿Qué hizo el labriego en cuanto se fue don Quijote?
6. ¿Le pagó al muchacho los sesenta y tres reales?

Glosario - capítulo 3

Seda: tela muy suave, fina y lustrosa.
Arremetió: atacó.
Costillas: huesos largos y curvos que forman el tórax.
Hallaron: encontraron.
Combatía: luchaba contra.

Preguntas

1. ¿Qué iban a comprar los mercaderes?
2. ¿Qué les dijo don Quijote a los mercaderes que confesaran?
3. ¿Qué respondieron los mercaderes?
4. ¿Qué hizo don Quijote?
5. ¿Qué le pasó a su caballo?
6. ¿Qué hizo uno de los mozos con la lanza?
7. ¿Quién recogió a don Quijote?
8. ¿Quiénes le llevaron a la cama?
9. ¿Contra cuántos bandidos dijo don Quijote que había combatido?

Glosario - capítulo 4

Escudero: sirviente que llevaba el escudo del caballero cuando éste no lo usaba.

Vasallo: sirviente que depende de un señor.

Aspas: especie de brazos que el viento hace dar vueltas.

Girar: dar vueltas.

Trozos: pedazos.

No huyáis: no os escapéis.

Preguntas

1. ¿Cuántos días estuvo don Quijote en cama?
2. ¿Qué le prometió a Sancho Panza?
3. ¿Qué vendió don Quijote?
4. ¿Qué animal montaba Sancho?
5. ¿Qué vieron a la mañana siguiente?
6. ¿Qué creía don Quijote que eran los molinos?
7. ¿Qué hizo don Quijote?
8. ¿Qué sucedió cuando don Quijote atacó a un molino?

9. ¿Qué le pasó a la lanza?
10. ¿Dónde pasaron la noche los dos hombres?
11. ¿Qué hizo don Quijote con la punta de hierro de la lanza?

Glosario - capítulo 5

Frailes: miembros de una orden religiosa.

Raptada: secuestrada, llevada a la fuerza.

Malvada: mala.

Mientas: digas mentiras.

Hábito: ropa de los religiosos.

Huyendo: escapándose.

Almohada: cojín, objeto donde se apoya la cabeza.

Airado: enfadado, lleno de ira, cólera.

Arremetió: atacó.

Ríndete: deja de luchar y entrégate.

Preguntas

1. ¿Quiénes venían por el camino?
2. ¿Quién viajaba detrás?
3. ¿Quién creía don Quijote que venía en aquel carruaje?
4. ¿Cómo paró a los frailes?
5. ¿Qué les pasó a los frailes?
6. ¿Qué empezó Sancho a quitar al fraile que estaba en el suelo?
7. ¿Qué hicieron los criados?
8. ¿Qué le dijo don Quijote a la dama del carruaje?
9. ¿Qué hizo el escudero?
10. ¿Dónde le golpeó el escudero a don Quijote?
11. ¿Dónde le golpeó don Quijote al escudero?
12. ¿Qué dijo la señora del carruaje?

13. ¿Qué condición puso don Quijote?
14. ¿Qué hizo Sancho Panza?
15. ¿Qué le prometió don Quijote?

Glosario - capítulo 6

Hambrientos: personas que tienen hambre.
Fantasmas: espectros, espíritus.
Encapuchados: llevaban una capucha en la cabeza.
Litera: especie de cama.
Antorcha: mecha que se quema sujeta al extremo de un palo para iluminar.
Insultar: decir insultos, cosas desagradables.
Pues: porque.
Alforja: bolsa, saco de viaje.
Acaso: por casualidad.
Muelas: piezas dentales posteriores.

Preguntas

1. ¿Qué vieron venir una noche oscura?
2. ¿Cuántos encapuchados venían?
3. ¿Qué tenían en la mano?
4. ¿De qué color iban vestidos?
5. ¿Qué eran los once que acompañaban al estudiante?
6. ¿Qué hicieron cuando les atacó don Quijote?
7. ¿Qué estaba haciendo Sancho?
8. ¿Qué nombre le puso Sancho a don Quijote?
9. ¿Por qué le puso ese nombre?
10. ¿Le gustó a don Quijote el nombre?

Glosario - capítulo 7

Yelmo: casco, parte de la armadura que protege la cabeza.
Latón: un metal; aleación de cobre y cinc.
Palangana: recipiente que se usa para lavarse.
Herrero: hombre que trabaja el hierro.

Preguntas

1. ¿Qué vieron una mañana temprano?
2. ¿Qué traía el hombre en la cabeza según don Quijote?
3. ¿Qué hizo don Quijote?
4. ¿Qué hizo el barbero?
5. ¿Qué hizo don Quijote con la palangana?
6. ¿Qué hicieron con el asno del barbero?
7. ¿Qué hicieron con las alforjas y la manta?
8. ¿Qué comieron?

Glosario - capítulo 8

Cadenas: ataduras de hierro.
Encadenada: atada con cadenas.
Galeras: barcos a remo.
Enamorado: que ama a alguien.
Triste: no alegre.
Preso: prisionero.
Galeote: condenado a galeras.
Tortura: tormento.
Desnudo: sin ropa.
Hallados: encontrados.
Encolerizado: enfadado, lleno de ira.

Preguntas

1. ¿Qué vieron acercarse don Quijote y Sancho Panza?
2. ¿Qué eran los doce hombres?
3. ¿Qué quería saber don Quijote?
4. ¿Por qué estaba encadenado el primer hombre?
5. ¿Por qué estaba encadenado el segundo?
6. ¿A qué llamaban "cantar"?
7. ¿Por qué iba a las galeras el tercer hombre?
8. ¿Qué rogó don Quijote a los guardias?

9. ¿Qué hicieron los guardias?
10. ¿Qué hicieron los prisioneros?
11. ¿Qué les ordenó don Quijote a los presos?
12. En vez de ir a El Toboso, ¿qué hicieron los prisioneros?
13. ¿Qué hicieron los presos con la ropa de don Quijote y Sancho Panza?

Glosario - capítulo 9

Entablando: haciendo, llevando a cabo, teniendo.

Juicio: no estar loco.

Cuchilladas: golpes de espada o cuchillo.

Odre: cuero cosido y pegado que sirve para contener aceite o vino.

Camisón: prenda de dormir.

Vello: pelo.

Gorrito: gorro pequeño que se ponía en la cabeza para dormir.

Grasiento: lleno de grasa.

Jaula: caja con barrotes para llevar animales.

Bueyes: macho vacuno castrado.

Castrar: extirpar o inutilizar los órganos genitales.

Heno: hierba segada, seca, para alimento del ganado.

Acostaban: metían en la cama.

Preguntas

1. ¿Quiénes estaban cenando en la posada?
2. ¿Qué decía Sancho cuando bajó dando gritos de la habitación?
3. ¿Contra quién o quienes estaba luchando don Quijote?
4. ¿Qué es lo que era la "sangre" que corría por el suelo?
5. ¿Qué llevaba puesto don Quijote?
6. ¿Qué tenía en la mano izquierda?
7. ¿Cómo despertaron a don Quijote?

8. ¿Qué creyó don Quijote que era el cura?
9. ¿Qué fabricaron durante la noche el cura y el barbero?
10. ¿A quién metieron en la jaula?
11. ¿Cuántos días tardaron en llegar al pueblo?
12. ¿Qué día de la semana era cuando llegaron?
13. ¿Quiénes acudieron corriendo?
14. ¿Qué le traía Sancho de valor a su mujer?
15. ¿Qué hicieron con don Quijote?

Lecturas Graduadas en Español:

Nivel 0 (serie blanca) 300 palabras:

La familia Pérez

¿Quién sabe?

La clase de Yoga

Nivel 1 (serie verde) 600 palabras:

La isla Misteriosa

20.000 Leguas de Viaje Submarino

El Conde de Montecristo

Don Quijote de la Mancha

Nivel 2 (serie roja) 1.200 palabras:

Los Tres Mosqueteros

Un Capitán de 15 años

Miguel Strogoff

Elcano. La vuelta al mundo

Urdaneta. El Tornaviaje

Legazpi. La conquista de Filipinas

Nivel 3 (serie azul) 2.000 palabras:

Hernán Cortés. Malinche

Francisco Pizarro. Los Viracochas

Historias de África

Cleopatra

EDITORIAL STANLEY · www.libross.com

Apdo. 207 · 20300 IRÚN · Tel. 943 64 04 12 · Fax. 943 64 38 63

e-mail: rrossetg.stanley@nexo.es

Poner
sello

Editorial Stanley

Apdo. Correos 207
20300 IRÚN · GUIPÚZCOA
ESPAÑA

EDITORIAL STANLEY

Hoja de informacion bibliografica.

Deseo recibir, sin compromiso, información bibliográfica de los siguientes temas (indicar con una X):

- ☐ Fondo Editorial Stanley
- ☐ Fondo Editorial E.L.I.
- ☐ Curso inglés comercial
- ☐ Suscripciones revistas escolares
- ☐ Editorial Mundo Conocido *(Novela histórica)*

Apdo. 207 · 20300 IRÚN · GUIPUZCOA · ESPAÑA
Tel. +34 943 640 412 · Fax. +34 943 643 863 · e-mail: rrossetg.stanley@nexo.es · www.libros.com

Remitente:

Empresa/Colegio: . . . . CIF.: . . . .

Nombre: . . . .

Apellidos: . . . .

Dirección: . . . .

Localidad: . . . . CP.: . . . .

Provincia: . . . . Teléfono: . . . .

e-mail.: . . . . Fax.: . . . .

País: . . . .